I0141016

DEI

# SEPOLCRI

*CARME*

di UGO FOSCOLO

*Temperino rosso* **edizioni**

© 2014 Temperino Rosso Edizioni Fortini

Titolo: *DEI SEPOLCRI*
Autore: Ugo Foscolo
Progetto grafico e illustrazioni: Attilio Fortini
Editore: Temperino rosso edizioni

ISBN 978-88-98894-12-3

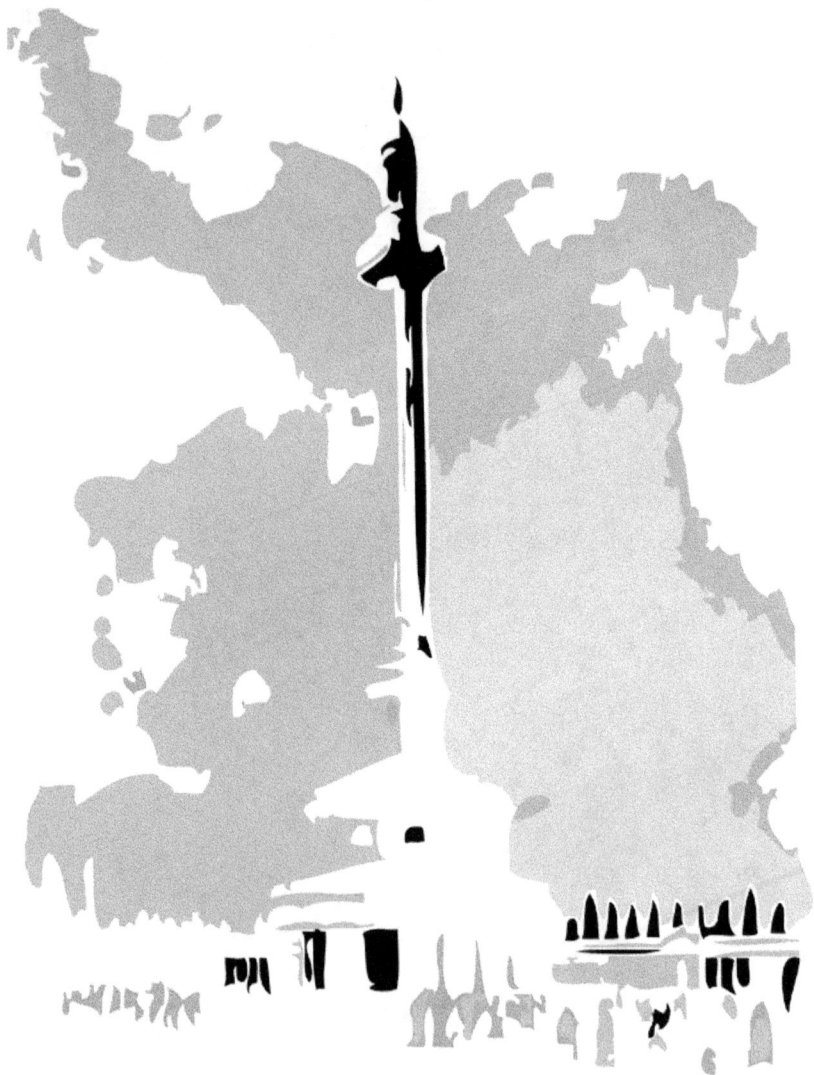

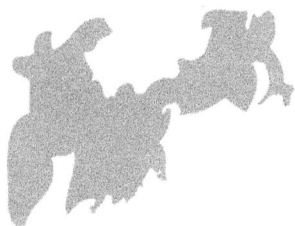

# DEI SEPOLCRI

*DEORUM . MANIUM*

*IURA . SANTA . SUNTO*

# A IPPOLITO PINDEMONTE

**A**ll'ombra de' cipressi e dentro l'urne

**C**onfortate di pianto è forse il sonno

**D**ella morte men duro? Ove più il Sole

**P**er me alla terra non fecondi questa

**B**ella d'erbe famiglia e d'animali, 5

**E** quando vaghe di lusinghe innanzi

**A** me non danzeran l'ore future,

**N**é da te, dolce amico, udrò più il verso

**E** la mesta armonia che lo governa,

**N**é più nel cor mi parlerà lo spirto 10

**D**elle vergini Muse e dell'amore,

**U**nico spirto a mia vita raminga,

Qual fia ristoro a' dì perduti un sasso

Che distingua le mie dalle infinite

Ossa che in terra e in mar semina morte?  15

Vero è ben, Pindemonte! Anche la Speme,

Ultima Dea, fugge i sepolcri; e involve

Tutte cose l'obblio nella sua notte;

E una forza operosa le affatica

Di moto in moto; e l'uomo e le sue tombe  20

E l'estreme sembianze e le reliquie

Della terra e del ciel traveste il tempo.

  Ma perché pria del tempo a sé il mortale

Invidierà l'illusion che spento

Pur lo sofferma al limitar di Dite?  25

Non vive ei forse anche sotterra, quando

Gli sarà muta l'armonia del giorno,

Se può destarla con soavi cure

Nella mente de' suoi? Celeste è questa


Corrispondenza d'amorosi sensi,  30

Celeste dote è negli umani; e spesso

Per lei si vive con l'amico estinto

E l'estinto con noi, se pia la terra

Che lo raccolse infante e lo nutriva,

Nel suo grembo materno ultimo asilo          35

Porgendo, sacre le reliquie renda

Dall'insultar de' nembi e dal profano

Piede del vulgo, e serbi un sasso il nome,

E di fiori adorata arbore amica

Le ceneri di molli ombre consoli.          40

    Sol chi non lascia eredità d'affetti

Poca gioia ha dell'urna; e se pur mira

Dopo l'esequie, errar vede il suo spirto

Fra 'l compianto de' templi Acherontei,

O ricovrarsi sotto le grandi ale          45

Del perdono d'Iddio: ma la sua polve

Lascia alle ortiche di deserta gleba

Ove né donna innamorata preghi,

Né passeggier solingo oda il sospiro

Che dal tumulo a noi manda Natura. 50

Pur nuova legge impone oggi i sepolcri

Fuor de' guardi pietosi, e il nome a' morti

Contende. E senza tomba giace il tuo

Sacerdote, o Talia, che a te cantando

Nel suo povero tetto educò un lauro 55

Con lungo amore, e t'appendea corone;

E tu gli ornavi del tuo riso i canti

Che il lombardo pungean Sardanapalo,

Cui solo è dolce il muggito de' buoi

Che dagli antri abduani e dal Ticino 60

Lo fan d'ozi beato e di vivande.

O bella Musa, ove sei tu? Non sento

12

Spirar l'ambrosia, indizio del tuo Nume,

Fra queste piante ov'io siedo e sospiro

Il mio tetto materno. E tu venivi                    65

E sorridevi a lui sotto quel tiglio

Ch'or con dimesse frondi va fremendo

Perché non copre, o Dea, l'urna del vecchio,

Cui già di calma era cortese e d'ombre.

Forse tu fra plebei tumuli guardi                    70

Vagolando, ove dorma il sacro capo

Del tuo Parini? A lui non ombre pose

Tra le sue mura la città, lasciva

D'evirati cantori allettatrice,

Non pietra, non parola; e forse l'ossa           75

Col mozzo capo gl'insanguina il ladro

Che lasciò sul patibolo i delitti.

Senti raspar fra le macerie e i bronchi

La derelitta cagna ramingando

Su le fosse e famelica ululando;                    80

E uscir del teschio, ove fuggìa la Luna,

13

L'ùpupa, e svolazzar su per le croci

Sparse per la funerea campagna,

E l'immonda accusar col luttuoso

Singulto i rai di che son pie le stelle          85

Alle obblîate sepolture. Indarno

Sul tuo poeta, o Dea, preghi rugiade

Dalla squallida notte. Ahi! sugli estinti

Non sorge fiore ove non sia d'umane

Lodi onorato e d'amoroso pianto.               90

    Dal dì che nozze e tribunali ed are

Dier alle umane belve esser pietose

Di se stesse e d'altrui, toglieano i vivi

All'etere maligno ed alle fere

I miserandi avanzi che Natura                  95

Con veci eterne a' sensi altri destina.

Testimonianza a' fasti eran le tombe,

Ed are a' figli; e uscian quindi i responsi

De' domestici Lari, e fu temuto

Su la polve degli avi il giuramento:           100

Religion che con diversi riti

Le virtù patrie e la pietà congiunta

Tradussero per lungo ordine d'anni.

Non sempre i sassi sepolcrali a' templi

Fean pavimento; né agl'incensi avvolto                    105

De' cadaveri il lezzo i supplicanti

Contaminò; né le città fur meste

D'effigiati scheletri: le madri


Balzan ne' sonni esterrefatte, e tendono

Nude le braccia su l'amato capo                           110

Del lor caro lattante, onde nol desti

Il gemer lungo di persona morta


Chiedente la venal prece agli eredi

Dal santuario. Ma cipressi e cedri

Di puri effluvi i zefiri impregnando                      115

Perenne verde protendean su l'urne

15

Per memoria perenne; e preziosi

Vasi accogliean le lagrime votive.

Rapìan gli amici una favilla al Sole

A illuminar la sotterranea notte,                    120

Perchè gli occhi dell'uom cercan morendo

Il Sole; e tutti l'ultimo sospiro

Mandano i petti alla fuggente luce.

Le fontane versando acque lustrali

Amaranti educavano e viole                           125

Su la funebre zolla; e chi sedea

A libar latte e a raccontar sue pene

Ai cari estinti, una fragranza intorno

Sentìa qual d'aura de' beati Elisi.

Pietosa insania che fa cari gli orti                 130

De' suburbani avelli alle britanne

Vergini dove le conduce amore

Della perduta madre, ove clementi

Pregaro i Geni del ritorno al prode

Che tronca fe' la trionfata nave                    135

Del maggior pino, e si scavò la bara.

Ma ove dorme il furor d'inclite gesta

E sien ministri al vivere civile

L'opulenza e il tremore, inutil pompa

E inaugurate immagini dell'Orco                     140


Sorgon cippi e marmorei monumenti.

Già il dotto e il ricco ed il patrizio vulgo,


Decoro e mente al bello Italo regno,

Nelle adulate reggie ha sepoltura

Già vivo, e i stemmi unica laude. A noi             145

Morte apparecchi riposato albergo

Ove una volta la fortuna cessi

Dalle vendette, e l'amistà raccolga

Non di tesori eredità, ma caldi

Sensi e di liberal carme l'esempio.      150

   A egregie cose il forte animo accendono

L'urne de' forti, o Pindemonte; e bella

E santa fanno al peregrin la terra

Che le ricetta. Io quando il monumento

Vidi ove posa il corpo di quel grande      155

Che, temprando lo scettro a' regnatori,

Gli allor ne sfronda, ed alle genti svela

Di che lagrime grondi e di che sangue;

E l'arca di colui che nuovo Olimpo

Alzò in Roma a' Celesti; e di chi vide      160

Sotto l'etereo padiglion rotarsi

Più Mondi, e il Sole irradiarli immoto,

Onde all'Anglo che tanta ala vi stese

Sgombrò primo le vie del firmamento;

Te beata, gridai, per le felici      165

Aure pregne di vita, e pe' lavacri

Che da' suoi gioghi a te versa Apennino!

Lieta dell'aer tuo veste la Luna

Di luce limpidissima i tuoi colli

Per vendemmia festanti, e le convalli                    170

Popolate di case e d'oliveti

Mille di fiori al ciel mandano incensi:

E tu prima, Firenze, udivi il carme

Che allegrò l'ira al Ghibellin fuggiasco,

E tu i cari parenti e l'idioma                           175

Desti a quel dolce di Calliope labbro,

Che Amore in Grecia nudo e nudo in Roma

D'un velo candidissimo adornando,

Rendea nel grembo a Venere Celeste:

Ma più beata ché in un tempio accolte             180

Serbi l'Itale glorie, uniche forse

Da che le mal vietate Alpi e l'alterna

Onnipotenza delle umane sorti,

Armi e sostanze t'invadeano, ed are

E patria e, tranne la memoria, tutto.                    185

Che ove speme di gloria agli animosi

Intelletti rifulga ed all'Italia,

Quindi trarrem gli auspici. E a questi marmi

Venne spesso Vittorio ad ispirarsi,

Irato a' patrii Numi; errava muto                        190

Ove Arno è più deserto, i campi e il cielo

Desioso mirando; e poi che nullo

Vivente aspetto gli molcea la cura,

Qui posava l'austero; e avea sul volto

Il pallor della morte e la speranza.                     195

Con questi grandi abita eterno: e l'ossa

Fremono amor di patria. Ah sì! da quella

Religiosa pace un Nume parla:

E nutrìa contro a' Persi in Maratona

Ove Atene sacrò tombe a' suoi prodi,                     200

La virtù greca e l'ira. Il navigante

Che veleggiò quel mar sotto l'Eubea,

Vedea per l'ampia oscurità scintille

Balenar d'elmi e di cozzanti brandi,

Fumar le pire igneo vapor, corrusche          205

D'armi ferree vedea larve guerriere

Cercar la pugna; e all'orror de' notturni

Silenzi si spandea lungo ne' campi

Di falangi un tumulto e un suon di tube

E un incalzar di cavalli accorrenti           210

Scalpitanti su gli elmi a' moribondi,

E pianto, ed inni, e delle Parche il canto.

    Felice te che il regno ampio de' venti,

Ippolito, a' tuoi verdi anni correvi!

E se il piloto ti drizzò l'antenna            215

Oltre l'isole Egée, d'antichi fatti

Certo udisti suonar dell'Ellesponto

I liti, e la marea mugghiar portando

Alle prode Retée l'armi d'Achille

Sovra l'ossa d'Aiace: a' generosi                220


Giusta di glorie dispensiera è morte;

Né senno astuto, né favor di regi

All'Itaco le spoglie ardue serbava,

Ché alla poppa raminga le ritolse


L'onda incitata dagl'inferni Dei.                225

    E me che i tempi ed il desio d'onore

Fan per diversa gente ir fuggitivo,

Me ad evocar gli eroi chiamin le Muse

Del mortale pensiero animatrici.

Siedon custodi de' sepolcri, e quando         230

Il tempo con sue fredde ale vi spazza

Fin le rovine, le Pimplée fan lieti

Di lor canto i deserti, e l'armonia

Vince di mille secoli il silenzio.

Ed oggi nella Troade inseminata               235

Eterno splende a' peregrini un loco

Eterno per la Ninfa a cui fu sposo

Giove, ed a Giove die' Dardano figlio,

Onde fur Troia e Assaraco e i cinquanta

Talami e il regno della Giulia gente. 240

Però che quando Elettra udì la Parca

Che lei dalle vitali aure del giorno

Chiamava a' cori dell'Eliso, a Giove

Mandò il voto supremo: E se, diceva,

A te fur care le mie chiome e il viso 245

E le dolci vigilie, e non mi assente

Premio miglior la volontà de' fati,

La morta amica almen guarda dal cielo

Onde d'Elettra tua resti la fama.

Così orando moriva. E ne gemea 250

L'Olimpio; e l'immortal capo accennando


Piovea dai crini ambrosia su la Ninfa

E fe' sacro quel corpo e la sua tomba.

Ivi posò Erittonio, e dorme il giusto

Cenere d'Ilo; ivi l'Iliache donne                    255

Sciogliean le chiome, indarno, ahi! deprecando

Da' lor mariti l'imminente fato;

Ivi Cassandra, allor che il Nume in petto

Le fea parlar di Troia il dì mortale,

Venne; e all'ombre cantò carme amoroso,          260

E guidava i nepoti, e l'amoroso

Apprendeva lamento a' giovinetti.

E dicea sospirando: Oh se mai d'Argo,

Ove al Tidide e di Laerte al figlio

Pascerete i cavalli, a voi permetta            265

Ritorno il cielo, invan la patria vostra

Cercherete! Le mura, opra di Febo,

Sotto le lor reliquie fumeranno.

Ma i Penati di Troia avranno stanza

In queste tombe; ché de' Numi è dono 270

Servar nelle miserie altero nome.

E voi palme e cipressi che le nuore

Piantan di Priamo, e crescerete ahi presto

Di vedovili lagrime innaffiati,

Proteggete i miei padri: e chi la scure 275

Asterrà pio dalle devote frondi

Men si dorrà di consanguinei lutti

E santamente toccherà l'altare.

Proteggete i miei padri. Un dì vedrete

Mendico un cieco errar sotto le vostre 280

Antichissime ombre, e brancolando

Penetrar negli avelli, e abbracciar l'urne,

E interrogarle. Gemeranno gli antri

Secreti, e tutta narrerà la tomba

Ilio raso due volte e due risorto 285

Splendidamente su le mute vie

Per far più bello l'ultimo trofeo

Ai fatati Pelidi. Il sacro vate,

25

Placando quelle afflitte alme col canto,

I Prenci Argivi eternerà per quante 290

Abbraccia terre il gran padre Oceano.

E tu onore di pianti, Ettore, avrai

Ove fia santo e lagrimato il sangue

Per la patria versato, e finché il Sole

Risplenderà su le sciagure umane. 295

# NOTE

Ho desunto questo modo di poesia da' Greci i quali dalle antiche tradizioni traevano sentenze morali e politiche presentandole non al sillogismo de' lettori, ma alla fantasia ed al cuore. Lasciando agl'intendenti di giudicare sulla ragione poetica e morale di questo tentativo, scriverò le seguenti note onde rischiarare le allusioni alle cose contemporanee, ed indicare da quali fonti ho ricavato le tradizioni antiche.

vv. 8-9

... il verso

e la mesta armonia che lo governa,

*Epistole e Poesie campestri* d'Ippolito Pindemonte.

v. 44.

Fra 'l compianto de' templi Acherontei,

*Nam jam saepe homines patriam carosque parentes.*

*Prodiderunt vitare Acherusia TEMPLA petentes.*[1]

E chiamavano *Templa* anche i cieli.[2]

vv. 57-58

... i canti

che il Lombardo pungean Sardanapalo.

Il *Giorno* di Giuseppe Parini.

v. 64 Fra queste piante ov'io siedo.

Il boschetto de' tigli nel sobborgo orientale di Milano.


v. 70

... fra plebei tumuli.

Cimiteri suburbani a Milano.


v. 97

Testimonianza ai fasti eran le tombe.

*Se gli Achei avessero innalzato un sepolcro ad Ulisse, quanta gloria ne sarebbe ridondata al suo figliuolo.*[3]


v. 98

... are a' figli.

*Ergo instauramus Polydoro funus et ingens*

*Aggeritur tumulo tellus, stant manibus ARAE*

*Coeruleis moestae vittis atraque cupresso.*[4]

Uso disceso sino a' tempi tardi di Roma, come appare da molte iscrizioni funebri.


vv. 98-99

... uscian quindi i responsi

De' domestici Lari.

*Manes animae dicuntur melioris meriti quae in corpore nostro Genii dicuntur; corpori renuntiantes, Lemures; cum domos incursionibus infestarent, Larvae; contra si faventes essent, LARES familiares.*[5]


vv. 117-118

... preziosi

vasi accogliean le lagrime votive e sgg.

I vasi lacrimatori, le lampade sepolcrali, e i riti funebri degli antichi.


vv. 125-126

*Amaranti educavano e viole*

*su la funebre zolla.*

*Nunc non e manibus illis,*

*Nunc non e tumulo fortunataque favilla*

*Nascentur violae?*[6]


vv. 126-127

... e chi sedea

a libar latte

Era rito de' supplicanti e de' dolenti di sedere presso l'are e i sepolcri.

*Illius ad tumulum fugiam supplexque sedebo*

*Et mea cum muto fata querar cinere.*[7]

vv. 128-129

... una fragranza intorno

sentia qual d'aura de' beati Elisi.

*Memoria Josiae in compositione unguentorum facta opus pigmentarii.*[8]

E in un'urna sepolcrale:

ΕΝ ΜΥΡΟΙΣ

ΣΟ ΤΕΚΝΟΝ

Η ΨΥΧΗ

*Negli unguenti, o figliuolo, l'anima tua.*[9]


vv. 131-132

... alle britanne

vergini.

*Vi sono de' grossi borghi e delle piccole città in Inghilterra, dove precisamente i campi santi offrono il solo passeggio pubblico alla popolazione; vi sono sparsi molti ornamenti e molta delizia campestre.*[10]


vv. 134-136

... al prode

che tronca fe' la trionfata nave

del maggior pino, e si scavò la bara.

L'ammiraglio Nelson prese in Egitto a' Francesi l'*Oriente* vascello di primo ordine, gli tagliò l'albero maestro, e del troncone si preparò la bara; e la portava sempre con sé.


vv. 154-155

... il monumento

vidi ove posa il corpo di quel grande e sg.

Mausolei di Niccolò Machiavelli; di Michelangelo architetto del Vaticano; di Galileo precursore di Newton; e d'altri grandi nella chiesa di Santa croce in Firenze.


vv. 173-174

e tu prima, Firenze, udivi il carme

Che allegrò l'ira al Ghibellin fuggiasco.

È parere di molti Storici che la *Divina Commedia* fosse stata incominciata prima dell'esilio di Dante.


vv. 175-176

... i cari parenti e l'idioma

desti a quel dolce di Calliope labbro.

Il Petrarca nacque nell'esilio di genitori fiorentini.


v. 179

... Venere Celeste.

Gli antichi distingueano due Veneri; una *terrestre* e sensuale, l'altra *celeste* e spirituale:[11] ed aveano riti e sacerdoti diversi.

vv. 190-191

Irato a' patrii Numi, errava muto

ove Arno è più deserto.

Così io scrittore vidi Vittorio Alfieri negli ultimi anni della sua vita. Giace in Santa Croce.

v. 200

Ove Atene sacrò tombe a' suoi prodi.

*Nel campo di Maratona è la sepoltura degli Ateniesi morti nella battaglia; e tutte le notti vi s'intende un nitrir di cavalli, e veggonsi fantasmi di combattenti.*[12]

L'isola d'Eubea siede rimpetto alla spiaggia ove sbarcò Dario.

v. 212

... delle Parche il canto.

*Veridicos Parcae coeperunt edere cantus.*[13]

Le Parche cantando vaticinavano le sorti degli uomini nascenti e de' morenti.

v. 217

... dell'Ellesponto

i liti.

*Gli Achei innalzino a' loro Eroi il sepolcro presso l'ampio Ellesponto, onde i
posteri navigatori dicano: Questo è il monumento d'un prode anticamente morto.*[14]
*E noi dell'esercito sacro de' Danai ponemmo, o Achille, le tue reliquie con quelle
del tuo Patroclo, edificandoti un grande ed inclito monumento ove il lito più eccelso
nell'ampio Ellesponto, acciocchè dal lontano mare si manifesti agli uomini che
vivono e che vivranno in futuro.*[15]


vv. 219-220

alle prode Retée l'armi d'Achille

sovra l'ossa d'Ajace:

*Lo scudo d'Achille innaffiato del sangue d'Ettore fu con iniqua sentenza
aggiudicato al Laerziade; ma il mare lo rapì al naufrago facendolo nuotare non ad
Itaca, ma alla tomba d'Aiace; e manifestando il perfido giudizio dei Danai,
restituì a Salamina la dovuta gloria.*[16] *Ho udito che questa fama delle armi
portate dal mare sul sepolcro del Telamonio prevaleva presso gli Eolii che
posteriormente abitarono Ilio.*[17]

Il promontorio Retéo che sporge sul Bosforo Tracio è celebre presso
tutti gli antichi per la tomba d'Aiace.


v. 236

eterno ... un loco.

I recenti viaggiatori alla Troade scopersero le reliquie del sepolcro
d'Ilo antico Dardanide.[18]


vv. 238-239

... la ninfa a cui fu sposo

Giove, ed a Giove die' Dardano figlio.

33

Tra le molte origini de' Dardanidi, trovo in due scrittori greci[19] che da Giove e da Elettra, figlia di Atlante nacque Dardano. Genealogia accolta da Virgilio e da Ovidio.[20]

vv. 255-256

... l'Iliache donne

scioglian le chiome.

Uso di quelle genti nell'esequie e nelle inferie:

*Stant manibus arae,*

*Et circum Iliades crinem de more solutae.*[21]

v. 258

... Cassandra.

*Fatis aperit Cassandra futuris*

*Ora, Dei jussu, non umquam credita Teucris.*[22]

v. 280

mendico un cieco.

Omero ci tramandò la memoria del sepolcro d'Ilo.[23] È celebre nel mondo la povertà e la cecità del sovrano Poeta.

*Quel sommo*

*D'occhi cieco, e divin raggio di mente,*

*Che per la Grecia mendicò cantando:*

*Solo d'Ascra venian le fide amiche*

*Esulando con esso, e la mal certa*

*Con le destre vocali orma reggendo;*

*Cui poi tolto alla terra, Argo ad Atene,*

*E Rodi a Smirna cittadin contende;*

*E patria ei non conosce altra che il cielo.*[24]

Poesia di un giovine ingegno nato alle lettere e caldo d'amor patrio: la trascrivo per tutta lode, e per mostrargli quanta memoria serbi di lui il suo lontano amico.


v. 285

Ilio raso due volte

Da Ercole,[25] e dalle Amazzoni.[26]


v. 288

ai fatali Pelidi.

Achille, e Pirro ultimo distruttore di Troia.

35

# Fonti

1)Lucrezio, lib. III, 85.

2)Terenzio, *Eunuco* Atto III, Scena 5. Ed Ennio presso Varrone *De LL.* lib. VI [*De lingua latina*].

3) Odissea, lib. XIV., 369.

4)Virgilio, *Eneid.*, lib. III, 62. ibid. 305; lib. VI, 177, *ARA SEPULCRI*.

5)Apuleio, *de Deo Socratis*.

6)Persio, *Sat.* I, 38.

7)Tibullo, lib. II, eleg. VIII.

8)Ecclesiastic., cap. XLIX, I.

9)*Iscrizioni antiche illustrate* dall'abate Gaetano Marini p. 184.

10)Ercole Silva, *Arte de' giardini inglesi*, p. 327.

11)Platone, nel *Convito*; e Teocrito, Epigram. XIII.

12)Pausania, *Viaggio nell'Attica*, cap. XXXII.

13)Catullo, *Nozze di Tetide*, vers. 306.

14)*Iliade*, lib. VII, 86.

15)*Odissea*, lib. XXIV, 76 e sg.

16)*Analecta veterum Poetarum*, editore Brunch, vol. III, Epigram. anonimo CCCXC.

17)Pausania, *Viaggio nell'Attica*, cap. XXXV.

18) Le Chevalier, *Voyage dans la Troade*, seconda edizione. - *Notizie d'un viaggio a Costantinopoli dell'ambasciadore inglese Liston*, di Mr. Hawhins, e del Dr. Dallaway.

19) Lo scoliaste antico di Licofrone al verso 19 - Apollodoro, *Bibliot.*, lib. III, cap. 10.

20) *Eneide*, lib. VIII, 134 - *Fasti*, lib. IV, 31.

21) Virgilio, *Eneide* lib. III, 65.

22) *Idem*, lib. II, 246.

23) *Iliade*, lib. XI, 166.

24) *Versi* d'Alessandro Manzoni, *In morte di Carlo Imbonati*.

25) Pindaro, *Istmica* V, epod. 2.

26) *Iliade*, lib. III, 189.

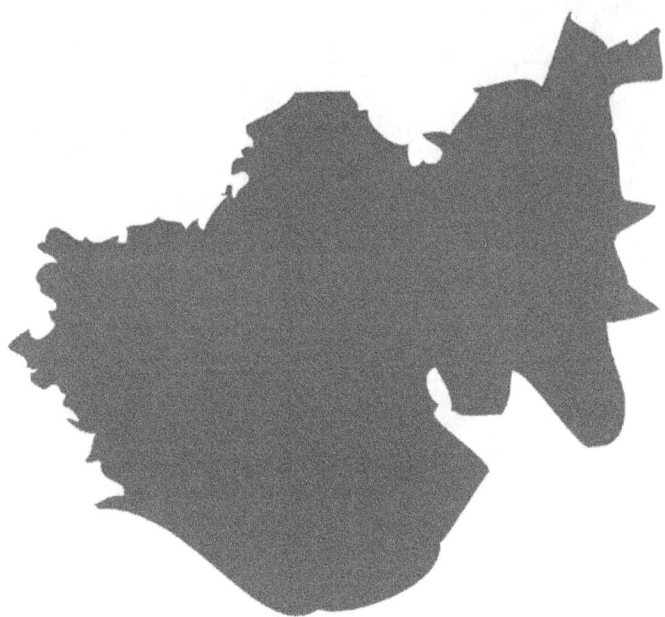

Di questo libro su carta riciclata con copertina di cartone color
avana sono stampati *Centotre* esemplari numerati.

**Brescia 2014**

*www.temperino-rosso-edizioni.com*

www.ingramcontent.com/pod-product-compliance
Lightning Source LLC
LaVergne TN
LVHW021548080426
835509LV00019B/2912